养成教育

第七册 下

总主编 郭齐家
高广立

日新其德 日勤其业 臻于至善

济南出版社　汉唐书局

图书在版编目（CIP）数据

养成教育.第七册 下/郭齐家，高广立主编.—济南：济南出版社，2021.12

ISBN 978-7-5488-4873-8

Ⅰ.①养… Ⅱ.①郭…②高… Ⅲ.①养成教育—初中—课外读物 Ⅳ.①G631

中国版本图书馆 CIP 数据核字（2021）第 251849 号

出版人	崔　刚
丛书策划	冀春雨
责任编辑	孙育臣　张子涵
专家审读	徐建平
装帧设计	曹晶晶
封面插图	曹晶晶
出版发行	济南出版社
地　　址	山东省济南市二环南路1号（250002）
编辑热线	0531-86131747（编辑室）
发行热线	82709072　86131701　86131729　82924885（发行部）
印　　刷	山东新华印刷厂潍坊厂
版　　次	2022年2月第1版
印　　次	2022年2月第1次印刷
成品尺寸	185 mm×260 mm　16开
印　　张	4.5
字　　数	51千
印　　数	1—5000册
定　　价	12.00元

（济南版图书，如有印装错误，请与出版社联系调换。联系电话：0536-2116806）

编 委 会

顾　　　问　雷克啸　于建福

总　主　编　郭齐家　高广立

学 术 专 家　（以姓氏笔画为序）

　　　　　　于述胜（北京师范大学教育学部教授、博士）

　　　　　　于建福（国家教育行政学院国学教育研究中心主任、教授、博士）

　　　　　　任春荣（中国教育科学研究院教育督导评估研究所副所长、研究员、博士）

　　　　　　刘立德（中国教育学会教育学分会副理事长兼秘书长、博士）

　　　　　　余清臣（北京师范大学教育学部基本理论研究院院长、教授、博士）

　　　　　　徐建平（北京师范大学心理学部教授、博士）

　　　　　　高广立（山东省济宁市教育局局长）

　　　　　　郭齐家（北京师范大学教育学部教授、博士生导师，国际儒学联合会顾问）

　　　　　　雷克啸（教育部国家教育发展研究中心理论研究室原主任、研究员）

执 行 主 编　关明春

执行副主编　吴育林　张林林

参 编 人 员　（以姓氏笔画为序）

　　　　　　王文惠　李　彤　李冉冉　李苗苗　杨　柳　杨　娟
　　　　　　赵营伟　侯文萍　郭美兰　崔文静　潘贞梅　冀春雨

2018年9月10日,全国教育大会在北京召开,习近平总书记强调,"要深化教育体制改革,健全立德树人落实机制","培养德智体美劳全面发展的社会主义建设者和接班人,加快推进教育现代化、建设教育强国、办好人民满意的教育","要给孩子讲好'人生第一课',帮助扣好人生第一粒扣子","全社会要担负起青少年成长成才的责任"。

文化是教育的命脉,教育是文化的生机。党的十九大报告指出,"文化自信是一个国家、一个民族发展中更基本、更深沉、更持久的力量","推动中华优秀传统文化创造性转化、创新性发展,继承革命文化,发展社会主义先进文化,不忘本来、吸收外来、面向未来,更好构筑中国精神、中国价值、中国力量,为人民提供精神指引"。

济南出版社就是以习近平新时代中国特色社会主义思想为指导,高度落实习近平总书记关于教育的一系列重要论述,深度理解中华文化的根源与发展,追本溯源,隆重推出《养成教育》系列图书。本套图书由全国著名养成教育专家联合编写,按照一体化、分学段、有序推进的原则,图文并茂,贴近生活,把中华文化的精神全方位融入一至九年级各学段,其核心目的在于帮助青少年从小树立正确的历史观、民族观、国家观、文化观,培育健全人格,养成良好习惯,永续中华民族的根与魂,做堂堂正正的中国人。

教育不应简单以分数、升学、文凭等作为评价的导向,不应被片面地理解为科学技术知识的传递,还应注重心性的涵养、道德的培育、习惯的养成。中国传统教育是博雅教育，既包含今天的技术教育、知识教育，又包含艺术教育、身体教育与生命教育等德智体美劳诸方面。其核心是如何使人成为全面发展的人，尤其是有道德的人。其方法是讲究涵泳，就是身临其境，获得一种真切的体会，尤其是让青少年在兴趣的培养中受到熏陶和感悟，在潜移默化中养成乐善好群、敦厚优雅的品行。它不是一种外力强加的道德说教，是真正自觉的自我教育，是生活实践式的，通过点滴积累收获自己的体验，既可以丰富青少年自身，调节性情，又通过青少年的行为影响公共事务与社会风俗。"少成若天性，习惯如自然。"从长远来看，应当把青少年的养成教育放到一定的高度，让青少年自小就能够在中华文化滋养下健康成长。这些内容既是中国传统教育思想的宝贵遗产，也是本套图书编写过程中的重要灵感来源。

  2021年7月1日，在庆祝中国共产党成立100周年大会上，习近平总书记强调："新时代的中国青年要以实现中华民族伟大复兴为己任，增强做中国人的志气、骨气、底气，不负时代，不负韶华，不负党和人民的殷切期望！"我衷心期望《养成教育》系列图书的出版，能为新时代青少年的成长"培根""铸魂""打底色"，在收获丰富的传统本源文化知识的同时，培育他们高尚的德行、大爱的胸怀、善念的种子，并且提升为人处世、应事接物的能力，增添一份亲切而厚重的民族自豪感、文化认同感，绵绵用力，久久为功，为实现中华民族的伟大复兴凝聚智慧和贡献力量。

郭齐家

2021年7月于北京回龙观寓所

目录 MU LU

第 1 课　胸怀大志　做有为接班人 ········· 7

第 2 课　我自尊　我自爱 ················ 15

第 3 课　告别依赖　自理自立 ············ 23

第 4 课　掌控自己　调节情绪 ············ 31

第 5 课　理性消费　杜绝攀比 ············ 39

第 6 课　积极锻炼　强身健体 ············ 47

第 7 课　直面诱惑　学会拒绝 ············ 55

第 8 课　杜绝校园欺凌　学会保护自己 ··· 63

第1课 胸怀大志 做有为接班人

> 毛主席说过："世界是你们的，也是我们的，但归根结底是你们的……希望寄托在你们身上。"习近平总书记也说过："今天做祖国的好儿童，明天做祖国的建设者，美好的生活属于你们，美丽的中国梦属于你们。"
>
> 作为祖国的接班人，我们肩负着祖国的未来与希望。所以，我们一定要从小胸怀大志，努力学习，长大以后践行理想，踏实工作，实现我的梦，实现中国梦！

梦想引领未来

士贵立志

【故事分享】 到2021年，已通车84年的钱塘江大桥，汽车仍川流不息，火车呼啸而过。钱塘江大桥日通过客货列车64列，其中复兴号"绿巨人"就有10列。钱塘江大桥是我国第一座现代化大桥，它的设计者就是被誉为"中国现代桥梁之父"的茅以升。

茅以升小时候，家住在南京。他家不远处有一条河，叫秦淮河。每年端午节，秦淮河上都要举行龙船比赛。茅以升跟所有的小伙伴一样，每年端午节还没到，就盼望着看龙船比赛。可是有一年端午节，茅以升

病倒了。小伙伴都去看龙船比赛，只有茅以升一个人躺在床上，他盼望小伙伴早点儿回来，把龙船比赛的情景说给他听。小伙伴直到傍晚才回来。茅以升连忙坐起来，说："快给我讲讲，今天的场面有多热闹？"小伙伴低着头，老半天才说出一句话来："秦淮河出事了！""出了什么事？"茅以升吃了一惊。"看热闹的人太多，把河上的那座桥压塌了，好多人掉进了河里！"听了这个不幸的消息，茅以升非常难过。他仿佛看到许多人纷纷落水，男的女的老的小的，景象凄惨极了。病好了，他一个人跑到秦淮河边，默默地看着断桥发呆。他想：我长大一定要做一个造桥的人，造的大桥结结实实，永远不会倒塌！从此以后，茅以升特别留心各式各样的桥，平的，拱的，木板的，石头的。出门的时候，不管碰上什么样的桥，他都要上下打量，仔细观察，回到家里就把看到的桥画下来。看书看报的时候，遇到有关桥的资料，他都细心收集起来。为了实现愿望，他刻苦学习，在美国康奈尔大学留学时，仅用一年时间就取得了硕士学位，后又在美国卡耐基理工学院攻读博士学位。

1920年，茅以升回到祖国。1933年3月，他开始主持建造钱塘江大桥；中华人民共和国成立后，又参与修建了武汉长江大桥。他实现了自己的理想，成为一名建造桥梁的专家。

◎说一说：茅以升为何能成为"中国现代桥梁之父"？
你的理想是什么？

理想是水，浇出生命的苗；理想是苗，长出生命的树；理想是树，开出生命的花；理想是花，结出生命的果！理想是一个"总开关"，有了理想才有目标，人生才有航向，青春才有持久向上的力量。

【故事分享】 1919年，巴黎和会上中国外交的失败引发了轰轰烈烈的五四运动。学生们在北京天安门前集会，高喊："中国的土地可以征服而不可以断送！中国的人民可以杀戮而不可以低头！"罢课、示威、请愿……这些行动昭示着青年人的爱国之情和报国之志。

2019年1月，"嫦娥四号"在月球背面留下"中国印记"。这支团队的平均年龄是33岁，"80后""90后"已经成为航天尖兵。

2020年初，面对突如其来的疫情，全国各省卫生健康委员会直属机关各级团组织、团员青年和各省卫生健康行业的青年文明号集体，积极响应上级号召，勇敢冲锋在抗击疫情第一线。其中，有初入职场的共青团员，有年轻的共产党员，有一心向党的入党积极分子，有省级青年文明号集体，也有医疗卫生行业的青年突击队。他们团结一心、众志成城，用年轻的身体撑起时代的重任，展现出最美的青春力量。

◎青年的梦想与祖国的发展有怎样的关系呢？说一说你的想法！

青年的理想信念关乎国家的未来，青年兴则国家兴，青年强则国家强。青年有远大的理想、坚定的信念，一个国家、一个民族才能有无坚不摧的前进动力。

共同理想　共同的梦

【故事分享】　自1840年鸦片战争以来，由于西方列强的野蛮入侵和中国封建统治者的腐败无能，中国逐步沦为一个积贫积弱、任人欺辱的国家。中国人民遭受了极大的灾难和痛苦，每一个中国人想起那一段历史都会心痛。历史上的辉煌和近代的屈辱形成巨大反差，所以，实现中华民族的伟大复兴，是近代以来中国人民的共同心愿。

今天，亿万中国人民在以习近平同志为核心的党中央的坚强领导下，满怀信心地为实现中华民族伟大复兴的中国梦而努力奋斗。

◎谈谈你对"中国梦"的理解。

◎为什么我们对实现中华民族伟大复兴的中国梦更有信心了？

理想是人生的奋斗目标。每个人对未来生活的向往和追求就是个人理想，全体社会成员为之奋斗的共同目标就是共同理想。现阶段我国各族人民的共同理想就是，到21世纪中叶，在全面建成小康社会的基础上，把我国建设成富强民主文明和谐美丽的社会主义现代化强国。我们形象地把这个目标概括为实现中华民族伟大复兴的中国梦。

实现中华民族伟大复兴的中国梦，要坚持走好中国道路，弘扬中国精神，凝聚中国力量。现在我们比历史上任何时期都更接近中华民族伟大复兴的目标，比历史上任何时期都更有信心、有能力实现这个伟大的目标。

追梦靠行动

超越小我，融入大我

【故事分享】　国家的分量，在一个人心中能有多重？重到可以为之远离家乡，荒岛求索，深藏功名三十载；重到"头拱地、脚朝天，也要把核潜艇搞出来"；重到年过九旬仍不甘退休，誓要再干好多年……

黄旭华，被誉为"中国核潜艇之父"，2020年1月10日，获国家最高科学技术奖。

1924年，黄旭华出生于广东省海丰县的一个小镇，小学毕业时，全面抗战拉开了序幕。他在炮火和动荡中走过了少年和青年。

"想轰炸就轰炸，因为我们国家太弱了！我要学航空、学造船，我要科学救国！"海边出生的黄旭华，以造船系第一名的成绩进入交通大学（今上海交通大学和西安交通大学的前身），学术成长由此起步。

1965年，核潜艇研制工作全面启动，核潜艇总体研究设计所在辽宁葫芦岛成立，黄旭华开始了"荒岛求索"的人生。

荒岛上的艰苦环境没有削减同志们的干劲，所有人心里都装着使命——尽快研制出中国自己的核潜艇。黄旭华心甘情愿做一辈子"无名英雄"，30年没有回过家，家人不知道他在外做什么，父亲直到去世也未能再见他一面。

他说："当祖国需要我一次把血流光，我就一次流光；当祖国需要我一滴一滴流血的时候，我就一滴一滴地流！"

◎你如何理解黄旭华"当祖国需要我一次把血流光，我就一次流光；当祖国需要我一滴一滴流血的时候，我就一滴一滴地流！"这句话？

每一个"小我"的奋斗，都需要汇入时代的洪流。个人成功的果实，只有结在爱国主义这棵常青树上，才会更有价值。中国的伟大变革，靠的就是一代代无数"小我"的砥砺奋斗，一代人接着一代人的努力奔跑。因此，任何一个有志青年都应该把个人梦与中国梦结合起来，将个人梦融入中国梦，在实现中国梦的奋斗中奉献自己的青春。

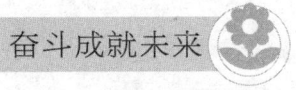

奋斗成就未来

【故事分享】 扶贫干部好不好，当地百姓最有发言权。云南省湾碧乡很多村民都是在田间地头认识的李忠凯。村民李明贵说："他性格温柔。"同事刘桂权说："老百姓说起李书记都会竖起大拇指，因为他帮百姓做了好些实事。"

一组组翔实的数据，就是真抓实干的最佳证明。2014年至2018年，湾碧乡共有1589户6264名贫困人口实现稳定脱贫，碧拉乍、纳那、腊务堵、高坪子四个贫困村如期脱贫出列，全乡脱贫退出。

一片片花果满园，就是俯首躬行的最好见证。金沙江畔五万亩杧果郁郁葱葱；坚硬的柏油马路尽头，移民搬迁新村二层小楼鳞次栉比。

山上核桃、山下花椒，林中牛羊、江中水产、江岸热果、江上旅游——这是李忠凯给湾碧乡脱贫攻坚开出的"精准扶贫良方"。

2018年11月，楚雄州委组织部发布的州管干部任前公示公告中，出生于1980年8月、时任大姚县湾碧乡党委书记的李忠凯，拟提名为大姚县政协副主席候选人。在公示的照片上，李忠凯两鬓苍苍，头发花白。有网友认为他的照片和年龄差距较大，质疑其年龄不真实，甚至有网友留言称"还以为是'60后'"。

李忠凯说："虽然我改变不了头发变白，但我能改变这里的贫穷。""5+2""白+黑"，熬夜加班是常事；解民忧、脱民困，走村入户成常态。扶贫一线日复一日地坚守，基层泥土里踏踏实实地实践，让群众离不开他们，他们也舍不得离开。脚踏泥土，他们青春不悔；心有晨光，他们幸不辱命。

（来源：央视网2019年01月29日13：35，部分文字有改动）

◎结合你了解的脱贫干部，说一说他们是如何一步步完成脱贫攻坚任务的。

"宝剑锋从磨砺出，梅花香自苦寒来。"古往今来，无论是个人理想还是社会理想的实现，都会经历困难，都是艰苦奋斗的结果。艰苦奋斗是中华民族的传统美德，是通向理想的必经之路。

空谈误国，实干兴邦，事业是干出来的。实现共同理想，我们就要发扬实干精神，以踏石留印、抓铁有痕的劲头干好自己的事业。全国各族人民只有在中国共产党的领导下，求真务实、改革创新、真抓实干，才能一步一个脚印，不断取得新的胜利，迎接中华民族伟大复兴的到来。

名人名言

治天下者，必先立其志。　　　　——《明道先生文集·论王霸札子》

男儿不展风云志，空负天生八尺躯。

——明·冯梦龙《警世通言·卷四十》

一个人有无成就，决定于他青年时期是不是有志气。

——谢觉哉《青年人怎样锻炼自己》

青年在成长和奋斗中，会收获成功和喜悦，也会面临困难和压力。要正确对待一时的成败得失，处优而不养尊，受挫而不短志，使顺境逆境都成为人生的财富而不是人生的包袱。广大青年人人都是一块玉，要时常用真善美来雕琢自己，不断培养高洁的操行和纯朴的情感，努力使自己成为高尚的人。

——2017年5月3日习近平总书记在中国政法大学考察时的重要讲话

"忧患增人慧，艰难玉汝成。"青少年要想实现自己的个人理想、承担起历史责任，就要发扬艰苦奋斗的精神，既做梦想家又做实干家。青少年要从日常生活学习和工作做起，自觉磨炼自己；努力学习科学文化知识，练就过硬本领；做好本职工作，逐步把自己造就成能担重任的人。当然，我们提倡艰苦奋斗，并不是提倡过苦日子，而是反对铺张浪费和贪图享乐，培养吃苦耐劳、不畏艰险、不断进取、奋发向上的艰苦奋斗精神。

我的收获

同学们,学完本课,你有哪些收获呢?拿起笔,记录下你的学习心得吧。

_____
_____
_____
_____
_____
_____

我的评价

评价项目	自我评价	评价等级
我增进的情感	我知道了树立理想要与国家需求结合起来,将小我融入大我。	☆☆☆☆☆
我拥有的能力	我懂得了如何做到艰苦奋斗。	☆☆☆☆☆
我掌握的知识	我知道了实现个人理想与中国梦之间的关系,并懂得了实现中国梦需要我们发扬艰苦奋斗的精神。	☆☆☆☆☆
我解决了成长中遇到的问题		☆☆☆☆☆

第2课　我自尊　我自爱

> 欲人爱己先自爱，欲人尊己先自尊。陶渊明"不为五斗米折腰"的高风亮节，李白"安能摧眉折腰事权贵，使我不得开心颜"的豪放不羁，文天祥"人生自古谁无死，留取丹心照汗青"的铮铮傲骨……无数先贤哲人或用行动，或用生命，为我们展现了一幅关于自尊自爱的永恒画卷。
>
> 拥有花样年华的我们充满朝气与希望，让我们用行动赢得自尊，在浮华俗世中学会自爱！

知自尊　懂自爱

人人需要自尊自爱

【故事分享】　暑假里，我和同学到福利院帮助孤寡老人，受到了老人们的赞扬，心里美滋滋的。

在公共场合，我会约束自己的行为，注意自己的形象。

周一升旗仪式，我代表班级在国旗下演讲，做了充分准备，穿戴得整整齐齐。

有人当众叫我的绰号，我很恼怒。

◎你有过类似的经历和感受吗？

自尊自爱是一种健康良好的心理状态，首先表现为自我尊重和自我爱护。自尊自爱还包含希望得到他人、集体和社会的尊重。

【故事分享】 天天同学家境优渥，平日喜欢追求名牌，尤其是名牌鞋。期末考试后，他以自己获得不错的成绩为借口，要求妈妈给自己买一双最新款的名牌球鞋。之后，他穿着名牌鞋在班级里大肆炫耀："你有吗？我这是最新款的。"

同学跟天天借橡皮，他不屑地说："买不起名牌就算了，连橡皮也买不起吗？"

◎天天是否做到了自尊自爱？

自尊不是虚荣，自尊的人追求的是真实，不图虚名；而虚荣的人追求的是表面的荣耀和光彩。自尊不是自傲，自尊的人肯定自我又不失谦虚；而自傲的人目中无人。自尊不是自私，自爱的人懂得爱护自己的同时也关爱他人；自私的人则完全以自我为中心。

自尊无价　自爱可贵

【故事分享】 20世纪初，徐悲鸿在欧洲留学时，一个洋人曾当众对他说："中国人愚昧无知，天生就是当亡国奴的料，即使送到天堂深造，也成不了人才！"

徐悲鸿义愤填膺地回答："那好，我代表我的祖国，你代表你的国家，等结业时，看看到底谁是人才，谁是蠢材！"从此，他学习更勤奋了。一年之后，他的油画受到法国艺术家的好评；此后的数次竞赛，他都得了第一。他的个人画展，轰动了整个巴黎美术界。这样令人惊叹的成就，使那个洋人不得不承认自己不是中国人的对手。

◎徐悲鸿勤奋学习的动力来自哪里？

自尊的人积极向上。自尊是促使人奋发进取的心理因素，能使人产生强大的精神力量。一个有强烈自尊心的人为了维护自己的尊严，会不断充实自己，一步步走向成功。

自尊的人才能赢得他人的尊重。每个人都希望得到他人的尊重，但赢得他人尊重的前提是自我尊重。

【故事分享】 春秋时期，齐国和楚国都是大国。有一次，齐王派大夫晏子出使楚国。楚王仗着自己的国家强盛，想乘机羞辱晏子，显示楚国的威风。

楚王知道晏子身材矮小，就让人在城门旁边挖了一个五尺多高的洞。晏子来到楚国，楚王让人把城门关了，让晏子从这个洞钻进去。晏子看了看，对接待他的人说："这是个狗洞，不是城门。只有访问'狗国'才从狗洞进去。我在这儿等一会儿，你们先去问个明白，楚国到底是个什么样的国家？"接待的人立刻把晏子的话传给了楚王。

楚王只好吩咐人打开城门，把晏子迎接进去。

◎你觉得晏子是一个怎样的人？
◎从这个故事中可以得到什么启示？

自尊的人知荣辱，讲自爱。自尊的人有强烈的荣辱感，懂得自爱、自强，能时刻用正确的言行维护自己的尊严。相反，不自尊的人，即使别人有侮辱自己的言行，也不能用正确的行动维护自己的尊严。

做自尊自爱的人

肯定自我

【故事分享】 体育课上要练习跳木马，飞飞个子矮，再加上平时缺乏锻炼，怎么也跳不过去，引来周围同学的一阵笑声。飞飞感到自尊心受到了很大的伤害。短暂沮丧后，在体育老师的鼓励下，飞飞暗自下决心一定要跳过去，还要比别人跳得漂亮。

从此以后，他加强练习，逐渐找到了跳木马的诀窍。在一次测试中，飞飞的跳木马动作规范而流畅，赢得了老师和同学的一阵赞扬。

◎你有过类似的经历吗？说一说当时的感受。

培养自尊自爱的品质，赢得他人尊重，需要努力提升自身素质。我们要看到自身的优点，肯定自我，消除自我轻视行为；同时，也要看到自身的缺点，并把缺点转化成优点。

尊重他人

【故事分享】 北宋大文豪苏东坡，曾自以为知识渊博，眼高于顶。

有一次，苏东坡去乡间郊游，正值农夫们在挑泥肥田。他悠闲地走在田埂上，不料从对面走来一位挑着一担泥的农妇，挡住了他的去路。他傲慢地说："万般皆下品，唯有读书高。我乃读书人，你应该给我让路。"农妇毫不示弱："你既然是读书人，那我出个上联，你若能对出下联，我便给你让路。"他丝毫没把农妇放在眼里："我胸藏斗牛，当然没问题。"农妇脱口而出："一担重泥挡子路。"

苏东坡听后大惊不已。这个上联不仅叙述了当时的情况，而且有两个历史人物，仲尼是孔子，子路是孔子的学生。

苏东坡想了很久都没想出下联，这时路过的人越来越多，他们听说这个情况后哈哈大笑，知道苏东坡遇到对手了。听到周围人的笑声后苏东坡灵感迸发，对出了下联"两行夫子笑颜回"，其中的夫子是指孔子，颜回也是孔子的学生，无论意境还是工整度都非常好。农妇听后很满意，打算给苏东坡让路。但此时的苏东坡为自己之前的言行感到羞愧，脱了鞋袜，下到田里，主动给农妇让路。

◎苏东坡既然对出了下联，为什么还要给农妇让路呢？

古人说："爱人者，人恒爱之；敬人者，人恒敬之。"要想赢得他人的尊重，首先要尊重他人。在日常生活中，我们要尊重他人的人格和劳动，不做伤害他人自尊的事；要欣赏他人，善待他人，从内心接纳他人。

不做有损人格的事

【故事分享】 战国时期，战争不断，田地干旱。穷人吃完了树叶吃树皮，眼看着一个个都要被饿死了，富人家里的粮食却堆积如山。

有一个富人名叫黔敖，看着穷人快要被饿死了，他不但没有怜悯，反而幸灾乐祸。他想拿出点粮食给灾民们吃，就把做好的窝头摆在路边。每当过来一个饥民，他便丢过去一个窝头，叫着："叫花子，给你吃吧！"有时候，过来一群人，他便丢出好几个窝头让饥民争抢。他在一旁看热闹，十分开心。

这时，有一个瘦骨嶙峋的饥民走过来。只见他满头乱发，衣衫褴褛，鞋子用草绳绑在脚上，摇摇晃晃地迈着步。黔敖看到这个饥民，便拿了两个窝头，朝他吆喝："喂，过来吃！"饥民没有理他。黔傲又叫道："嗟，听到没有？给你吃的！"只见饥民瞪大双眼，看着黔敖说："收起你的东西，我宁愿饿死也不愿吃这样的嗟来之食！"

黔敖万万没想到，饥民饿成这样，竟然还保持尊严，顿感羞愧，一时说不出话来。

◎如何评价这位饥民的行为？

自尊的人最看重自己的人格。我们要维护自己的人格，无论在什么条件下，都不能做出有损人格的事。

【故事分享】 新的学期,欣妍跟随打工的父母进城上学。可是在新的学校里,她被同桌嘲笑是个又矮又丑的大胖子,被同学嫌弃英语口语发音口音太重,作业被调皮的男同学藏起来……

◎欣妍同学的做法对不对?如果你是她的同学,会向她道歉吗?

《中华人民共和国宪法》第三十八条规定:"中华人民共和国公民的人格尊严不受侵犯。禁止用任何方法对公民进行侮辱、诽谤和诬告陷害。"

我们在与他人相处时,要有人格平等的观念,要尊重每一个人。

【故事分享】 20世纪70年代初,中国女孩曲小雪留学美国。她到露易丝太太家勤工俭学,在多次受到令人难以忍受的侮辱之后,她决定辞工。

而老太太的儿子银行家爱德华蛮横地拦住了她,并声称,中国人还不如他最看不起的黑人。事关中国人的尊严,曲小雪不卑不亢道:"请不要侮辱我们中国人,在我所在的大学里,我们班有50位读硕士学位的学生,可47个是黄皮肤、黑头发的中国人。遗憾的是,你的同胞只有3个,而且是倒数三名,但我们没有看不起他们。"

爱德华母子恼羞成怒,竟对弱小的曲小雪进行人格侮辱和毒打,致使她膑软骨永久性挫伤、脊椎骨错位弯曲以及严重脑震荡。更过分的是,爱德华母子竟恶人先告状,向法院状告她无理取闹。无奈之下,曲小雪被迫四处求告。在接下来的4年里,她忍受着病痛的折磨,经历了法庭内外的巨大压力以及种种意想不到的困难,将这场官司由地方法庭一直打到最高巡回法庭。在法庭上,曲小雪以超群的智慧挫败了华盛顿三位大律师"庭外和解"的阴谋。法官最终宣判被告赔偿曲小雪5250美元,并当场向她赔礼道歉。

曲小雪接过支票,向全场抖了抖,义正词严地说:"刚才被告不得不向我公开道歉之后,你们又非常及时地在法庭上公开给我递上这张支票。你们这样做，是想给人造成一种印象：这个中国姑娘之所以坚持要打这场官司，无非就是为了这张支票，让人觉得钱是这场官司的目的，也只有钱能为这场官司画上句号。可你们错了！至少我这个中国人，当然，还有许许多多中国人都不会在你们的美元面前低下自己高贵的头！我打这场官司，是为了讨回我做人的尊严！美元在我的尊严面前一文不值，见鬼去吧，美元！"说完，曲小雪把支票一点一点撕碎，抛向法庭的上空。

在这里，曲小雪讨回的不只是个人的公道，还有一个拥有五千多年文明的民族的尊严！

◎曲小雪的行动说明了什么？

◎你还知道哪些用实际行动维护人格和国家、民族尊严的事例呢？

放眼世界，我们面对的是百年未有之大变局，要正确认识当今时代潮流和国际大势。作为中国人，无论在什么情况下，我们都不能做出有损国格的事情，要用实际行动维护国家和民族的尊严。

名人名言

子曰："不降其志，不辱其身，伯夷、叔齐与！"
——《论语·微子》

夫人必自侮，然人侮之；家必自毁，而后人毁之；国必自伐，而后人伐之。
——《孟子·离娄上》

恢弘志士之气，不宜妄自菲薄。　——三国蜀·诸葛亮《前出师表》

虽然自尊心不是美德，但它是多数美德的双亲。
——[爱尔兰] 柯林斯《警句》

—— · 我的收获 · ——

同学们,学完本课,你有哪些收获呢?拿起笔,记录下你的学习心得吧。

_____
_____
_____
_____
_____
_____
_____

—— · 我的评价 · ——

评价项目	自我评价	评价等级
我增进的情感	我树立了培养自尊自爱的意识。	☆ ☆ ☆ ☆ ☆
我拥有的能力	我能时刻用正确的言行维护自己的人格,做一个自尊自爱的人。	☆ ☆ ☆ ☆ ☆
我掌握的知识	我掌握了赢得自尊自爱的方法。	☆ ☆ ☆ ☆ ☆
我解决了成长中遇到的问题		☆ ☆ ☆ ☆ ☆

第3课 告别依赖 自理自立

在每个人面前都有两条生活的道路。一条看起来舒适而安逸，衣来伸手，饭来张口，无所追求，得过且过，到头来却一事无成。这条路的入口处写着依赖、自弃。另一条漫长而崎岖，路上荆棘丛生，有无数的激流险滩，需要的是拼搏、奋斗，但是走出困境，迎来的是一片光明。这条路的入口处写着自理、自立。

不同的选择，结果完全不一样。前进的路上充满了挑战，新世纪的青少年要自理、自立。

自己的事情自己干

自立人生少年始

【故事分享】小蜗牛问妈妈："为什么我们从生下来，就要背负这个又硬又重的壳呢？"妈妈说："因为我们的身体没有骨骼支撑，只能爬，又爬不快，所以需要这个壳保护！"

小蜗牛又问："毛毛虫姐姐没有骨头，也爬不快，为什么她却不用背这个又硬又重的壳呢？"妈妈说："因为毛毛虫姐姐能变成蝴蝶，天空会保护她啊。"

小蜗牛接着问："可是蚯蚓弟弟也没骨头，爬不快，也不会变成蝴蝶，他为什么不背这个又硬又

重的壳呢？"妈妈耐心地说："因为蚯蚓弟弟会钻土，大地会保护他啊。"

小蜗牛哭了起来："我们好可怜，天空不保护，大地也不保护。"妈妈安慰他："所以我们有壳啊！我们不靠天，也不靠地，我们靠自己。"

◎读了小蜗牛和妈妈的这番对话，你懂得了怎样的道理？

自理，讲的是自己承担和料理自己的事务；自立，讲的是不过多依赖家长，独立自主地生活和学习。自理、自立是我们成长应具备的基本品格，也是做人做事必备的基本素质。青少年应从自理、自立开始，像雏鹰那样早日搏击长空。

人生需自立

【故事分享】 小杨今年中考考入了市里一所重点高中，全家人都非常开心。但是，小杨有一个担心，她从小在家中没有做过家务，连手帕和袜子也没有用手洗过。从小到大一切生活琐事全由母亲代劳。这不，马上就要住校了，这些天她还真犯了愁。

开学了，父母陪小杨到学校办完入学手续并安置稳妥。临走前小杨对母亲说："妈，我换下来的脏衣服到时候都同城快递回家吧？"母亲听了以后，语重心长地对她说："我们不是不能帮你洗，但是你即将开始寄宿生活，洗衣服这样的小事应该自己来完成，要逐渐学着自立。"听了母亲的话，小杨沉默了一会儿，说："第一次洗衣服虽然会洗不干净，但毕竟开了个头，今后这些事情我会学着自己做。"

◎你怎样看待故事中小杨同学的转变？

自立的过程既是我们提高生活能力的过程，也是我们不断提高道德品质的过程。在走向自立的过程中，我们会逐渐摆脱对父母、老师和他人的依赖，提高独立生活的能力，从而懂得自尊、增强自信，逐步学会与他人相处，学会尊重、理解，并适应社会，进而融入社会。

【相关链接】 孩子从5岁开始，就应该有意识地参与家务劳动。因为孩子在四五岁时最喜欢帮家长干活，9岁以后就容易产生懒惰情绪。要根据不同年龄阶段安排不同的劳动任务，让孩子养成热爱劳动、自己的事情自己做的好习惯。

孩子做家务的好处有：

（1）劳动可以锻炼动手能力和解决问题的能力。

（2）劳动可以培养自信心。孩子会干的事情越多，自信心就越强。

（3）劳动可以培养责任心。通过做家务，孩子可以体谅家长的辛苦，逐步承担自己在家庭中、社会上的责任，培养良好的品质。

（4）劳动可以让大脑得到充分休息。心理学家研究发现：人在劳动和进行体育锻炼时，大脑中的氧气最充分。成人一次注意力只能集中50分钟，不能让大脑连续学习超过一个小时，这样效率就会降低，还会造成神经衰弱。而人在劳动和运动时，主管思维部分的大脑是休息的。因此，应该是学习45分钟，劳动或锻炼15分钟。每天累计劳动或运动至少一个小时，这样会提高学习效率。

◎你是不是已经养成了自己的事情自己做、热爱劳动的好习惯？赶快行动起来吧！

自立才能走向自强。自立能克服依赖心理，培养自强的精神。选择自强之路才能根据社会的要求，不断提高自己的本领，不断完善自我，使自己成为一个强者。一个缺乏自立精神的人，处处依赖他人，在困难和挫折面前畏惧和退缩，不可能成为生活的强者。

告别依赖　走向自立

克服依赖思想

【故事分享】　康熙年间，贵州巡抚刘荫枢告老还乡后，想用一生的积蓄为家乡建一座桥。但是子女极力反对："您当了一辈子高官，我们没沾到一点光，好不容易盼到您回家，您却如此不顾我们。"刘荫枢很伤心，觉得自己虽然一身清白，但忽视了对子女的教育。于是，他用尽积蓄，历时五年，修成大桥，取名"毓秀桥"。

桥修好后，刘荫枢对子女说："我之所以用全部积蓄修桥，就是想用事实告诉你们，自己的路自己走，自己的生活自己创造，靠天、靠地、不如靠自己。"为了彻底消除孩子们依赖父母的心理，他以二十八文的价钱把桥卖给了官府。他的所作所为深深地打动了子女，他们日后都成了国家的栋梁之材。

◎刘荫枢教子的故事对我们走向自立有怎样的启示？

一个处处依赖他人的人，每当遇到问题时首先想到的不是靠自己，而是靠别人，这样的人怎么能独立地生活呢？自立，就要克服依赖性。

遇事有主见

【故事分享】　俗话说：千主张，万主张，黄金难买自主张。一个人的主见，千金难得。有主见的人能看清自己，没主见的人会迷失自我。

我们都熟知的运动员刘翔，本来是跳高运动员。但在训练中，他发现自己的跨栏比较好，于是改练跨栏，后来他成了110米栏世界田径明星。

如果刘翔当初没有主见，继续练跳高，他可能不会取得那么好的成绩。就像他的教练说的："跳高最多让他成为一个冠亚军，而不会是明星。"可见，有主见对一个人的成功有多么重要的意义。

刘翔的有主见，是建立在正确的自我认知基础上的。他能看到自己的长处，清楚自身的能力。所以，认清自己是成大事的前提。

◎在生活和学习中你是不是一个像刘翔一样有主见的人呢？

我们遇事时要有主见，能够独立思考，自主做出决定。在生活中，人有许多问题需要做决定，包括日常的学习、工作以及处理各种人际关系。能否独立地做出决定，是一个人是否做到自立的重要标志。我们在生活中要学会独立思考，尝试独立做决定。当然，这并不意味着不听取别人的意见，一意孤行；相反，他人的意见是我们自主决定的重要参考。

多实践　多锻炼

【故事分享】　袁隆平，这个名字在中国可谓是家喻户晓。他是江西九江人，外表似一个极其普通的中国老人，衣着朴素，经常撸起袖子裤腿，扎在田里。若是在路上偶遇，

很难看出他就是大名鼎鼎的"世界杂交水稻之父"。

这位老院士坚信，读书是基础，实践改变命运。他曾经公开过选拔弟子的标准："我培养研究生、博士生，第一个条件是你要下田。你怕下田，怕吃苦，我就不接收你。电脑很重要，书本知识也很重要，都是基础，但是电脑里、书本里种不出水稻来。"

◎读了袁隆平院士选拔弟子的标准，你打算怎样做呢？

积极锻炼，提高自立能力。有了自立的意识后，怎样才能培养自己的自立能力呢？最基本的途径就是积极锻炼和实践。只有在生活中反复锻炼、不断实践，才能逐步提高自立能力。

【相关链接】 对中国孩子来说，什么才是合适的家务劳动呢？

北京市家庭教育研究会研究制定的有关中小学生生活自理能力的标准：

1. 自己整理衣物和床铺。自己穿脱衣服，把衣服摆放整齐，学会叠被，逐渐学会整理房间。

2. 学会安排课余生活，养成回家主动做作业的习惯。

3. 学会收看电视、收听广播节目。

4. 学会随天气变化安排衣着。

5. 学会准备简单的食物。包括父母做饭前的辅助劳动，学会做简单的饭菜，学会识别食物的保质期。

6. 学会做一些简单的家务劳动。自己洗头、洗脚、洗小件衣物，逐步学会使用洗衣机。

7. 独立上下学，独立出行。

8. 购买简单物品。

名人名言

笃行信道，自强不息。　　　　　　　——《孔子家语·五仪解第七》

有志诚可乐，及时宜自强。　　　　　　　　　——《欧阳修集》

自立自重，不可随人脚跟，学人言语。　——《陆九渊集·语录下》

有志者在乎自立而已。　　　　　　　——清·陈宏谋《学仕遗规》

我的收获

同学们，学完本课，你有哪些收获呢？拿起笔，记录下你的学习心得吧。

我的评价

评价项目	自我评价	评价等级
我增进的情感	我树立了正确的自立自理的生活态度,我要在实践中体验自立的乐趣。	☆☆☆☆☆
我拥有的能力	我初步形成了自己管理自己学习和生活的能力。	☆☆☆☆☆
我掌握的知识	我了解了自立的重要性和自立自理的方法。	☆☆☆☆☆
我解决了成长中遇到的问题		☆☆☆☆☆

第4课　掌控自己　调节情绪

> 情绪就像"神奇果",有时会使人精神焕发,干劲倍增;有时会使人无精打采,萎靡不振。情绪影响着人们的行为和生活。每个人始终处于一定的情绪状态中,情绪不同,结果也不同。我们要了解自己的情绪,学会调节自己的情绪,让快乐永驻心间。

了解自己的情绪

丰富多样的情绪

【故事分享】　电影《头脑特工队》是一部非常受青少年喜欢的3D动画电影,由彼特·道格特执导。影片讲述了小女孩莱莉因为爸爸的工作变动而搬到旧金山,她的生活被五种情绪所掌控,尽展脑内情绪的缤纷世界。

虽然她是个小女孩,但和所有人一样,也有各种各样的情绪,并被这些情绪所左右。这些情绪分别是乐乐、怕怕、怒怒、厌厌和忧忧。

这五位情绪居住在莱莉大脑里的控制中心,在那里他们可以通过适当调配来指导莱莉的日常生活。莱莉来到新学校的第一天,五位情绪就因为失控令莱莉在新同学面前出丑,混乱中乐乐和忧忧被抛出控制中心,流落在莱莉的茫茫脑海中。只

留下怕怕、怒怒和厌厌的控制中心更加混乱，导致莱莉无法与人进行正常沟通，本来乐观的莱莉变成了愤世嫉俗的少女。乐乐和忧忧想尽办法要回到控制中心，力求在莱莉完全崩溃之前挽救她。

影片大胆而又创新地将人的情绪具象化，并且具象成一个人形的小人，这样的设定让电影变得妙趣横生。

◎情绪是什么？情绪在生活中能带给我们怎样的影响？

情绪是一种内部的主观体验，以主体的需要、愿望等倾向为中介的心理现象。人的情绪是多种多样的，也是复杂多变的。最常见的情绪有四大类：喜、怒、哀、惧。这四类情绪又可以派生出多种复杂的情绪，如惊喜、悲愤、喜忧参半、悲喜交加等。

情绪不同　结果不同

【故事分享】　事例一

放假了，林华和朋友一起去杭州西湖旅游，但是天公不作美，天空下起了雨。

消极情绪：真倒霉，我好不容易来一趟西湖，竟然下雨了，去哪里都要打伞，太麻烦了，我怎么这么倒霉啊。

怀着这样的心情，自然心情不好，也不觉得风景好，辜负了西湖美丽的景色。

积极情绪：第一次来西湖就下起了雨，真是太好了，这样我就可以领略到烟雨江南的诗情画意了。到时候打着伞，到断桥上走走，观赏着雨中朦胧的西湖，别有一番韵味。

因为心情好，游玩兴致更高了。

事例二

李明在楼下和朋友一起打球，打了一会儿出了一身汗，感觉口干舌燥，于是急急忙忙跑回家，发现早上临出门前准备的杯中有半杯水。

消极情绪：怎么只剩下半杯水了，我早上走的时候明明准备了一杯的，是谁喝了也不续上！李明喝完水，却憋了一肚子火，没有心情再下楼和朋友打球了。

积极情绪：幸好还剩下半杯水，于是一口气喝完，瞬间感到舒服和凉爽。心想他们一定还在等我，得赶快下楼。

通过以上两个事例我们会发现：同一件事情，不同的情绪会给我们带来不一样的内心体验。

◎面对以上情况你会是哪一种情绪呢？快和同学分享吧！

情绪无好坏之分，一般分为积极情绪、消极情绪。由情绪引发的行为则有好坏之分，行为引发的后果也有好坏之分。积极的情绪能够使人思维敏捷，体力充沛；能够在遇到考验时精力旺盛，有利于个人正确认识事物、分析和解决问题，从而使自己的水平正常发挥，甚至可能超常发挥。而当人们的情绪消极时，情况则相反。在学习上，当我们处于积极的情绪状态时，学习效率就高；而当我们处于消极的情绪状态时，往往反应迟钝，效率低下。

长期保持积极的情绪，如宁静、愉快等，能增强人的机体免疫能力，有益于身心健康。相反，若长期处于抑郁、紧张、焦虑等情绪之中，则会对身心健康产生不良影响。我们正处于身心发展的关键时期，努力保持积极的情绪状态，会促进我们健康成长。

我的情绪我做主

调控好自己的情绪

【故事分享】　有一个男孩脾气很坏，于是他父亲给了他一袋钉子，并且告诉他，每当他发脾气的时候就在后院的围栏上钉一颗钉子。第一天，男孩钉了37颗钉子。第二天、第三天……渐渐地在围栏上钉钉子的数量一天比一天少，他发现控制自己的脾气要比钉钉子容易。

终于有一天男孩再也不会失去耐性乱发脾气，他把这件事告诉了父

亲。父亲告诉他，现在开始每当他能控制住自己脾气的时候，就拔出一颗钉子。

过了一段时间，男孩告诉父亲，所有钉子都被他拔出来了。父亲握着他的手来到后院说："你做得很好，我的好孩子。但是你看看那些围栏上的洞，这些围栏永远也变不回原来的样子。如果你拿刀子捅别人一刀，不论你说了多少次对不起，那个伤口将永远存在。话语的伤痛就像真实的伤痛一样令人无法承受。"

在生活和工作中，我们往往要处理很多事情，也会产生很多种情绪。而情绪有时候会影响我们的日常生活，因此有效管理情绪显得尤为重要。做情绪的主人，而非被情绪掌控，是我们需要修行的一项重要课程。

【故事分享】 1965年9月7日，世界台球冠军争夺赛在美国纽约举行。路易斯·福克斯一路遥遥领先，只要再得几分便可稳拿冠军了。就在这时，他发现一只苍蝇落在主球上，挥手将苍蝇赶走了。可是当他俯身击球的时候，那只苍蝇又飞回到主球上，他在观众的笑声中再一次起身驱赶苍蝇。这只讨厌的苍蝇破坏了他的情绪，好像故意跟他作对。他一回到球台，苍蝇又飞回到主球上，引得周围的观众哈哈大笑。路易斯·福克斯的情绪非常糟糕，终于失去理智，愤怒地用球杆击打苍蝇。球杆碰到了主球，裁判判他击球，他因此失去了一轮机会。路易斯·福克斯方寸大乱，连连失手；而他的对手约翰·迪瑞则愈战愈勇，赶上并超过了他，最后获得冠军。

◎路易斯·福克斯的故事带给我们哪些启示？

在成功的路上，我们最大的"敌人"其实是缺乏对自己情绪的控制。愤怒时，不能制怒，使周围的合作者望而却步；消沉时，一直处于萎靡状态，白白浪费许多稍纵即逝的机会。拿破仑有一句名言："能控制好自己情绪的人，比能拿下一座城池的将军更伟大。"

掌握调节情绪的方法

【故事分享】 "砰"的一声，我重重扣下电话，摇了摇头。

很长一段时间，我和父亲之间的通话不会超过两分钟，没说几句就会吵起来，这种争吵和通话内容无关。一听到电话对面的声音，我就能想到父亲当时的表情，下一秒两个人定会争吵不断。

我和父亲都是粗犷的性格，每天都会争吵。这种情况持续了很久。

一次偶然的机会，同学告诉我，我和父亲的性格在心理学上属于"孙悟空型"——易怒好胜、情绪波动大。

当天晚上我又给家里打了电话。刚准备争吵的时候，我突然意识到自己身体里的"孙悟空"要出来了。当想到这一点之后，我立刻调整情绪，深呼吸，进入了另外一种"如来佛"的状态，我的怒火慢慢平息下来。

因此，那次的通话出奇地顺利。之后，我慢慢发现，其实自己可以控制情绪。随着时间的推移，我和父亲的关系也慢慢发生着变化。

这个过程很神奇，我们之间的关系就这样缓和了。

◎我和父亲的故事，带给你怎样的启示？

每个人的生活都不可能是一帆风顺的，难免会产生消极情绪。产生消极情绪并不可怕，关键在于学会及时调节和控制情绪。情绪的产生和变化是有原因的，人们在情绪面前不是无能为力的，而是可以对它进行调节和控制。对于消极情绪，我们可以针对情绪产生的原因，根据自身特点灵活选择调控情绪的具体方法。

【相关链接】 调节情绪的方法

1. 呼吸放松调节法

该调节法提倡腹式呼吸，是一种以腹部作为呼吸器官的方法。首先，找一个合适的位置站好或坐好，身体保持放松；其次，慢慢吸气，吸气的时候可以感到腹部慢慢鼓起，到最大限度的时候开始呼气；呼气的时候能感到气流经过鼻腔呼出，直到前后腹部贴到一起为止。

2. 音乐调节法

该调节法是指借助情绪色彩鲜明的音乐控制情绪状态的方法。运用音乐调节法时，应该因人、因时、因地、因心情的不同而选择不同的音乐。适宜的音乐，常可取得很好的效果。

3. 运动宣泄调节法

据心理学专家温斯拉夫研究发现，比较好的情绪调节方法是运动。因为当人们沮丧或愤怒时，生理上会产生一些异常现象，可以通过运动，如跑步、打球等方式，使生理恢复原状。生理得到恢复，情绪自然也就正常。

4. 理智调节法

运用辩证思维，多侧面、多角度地思考问题。当发现事情的积极意义时，消极情绪就可以转化为积极情绪。

5. 暗示调节法

语言对情绪有极大的暗示和调整作用。当受消极情绪困扰时，可以通过语言的暗示作用来松弛心理上的紧张状态，使消极情绪得到缓解。

人是情感动物，容易受到情绪的影响。在生活中，积极乐观的情绪能够帮助我们活得幸福快乐；消极郁闷的情绪则如蛀虫，会侵蚀我们的内心，使我们的生活得不到幸福。我们必须积极对待情绪问题，调整好自己的心态，不要强行控制情绪，而是正确释放情绪。消极情绪需要宣泄，不同的人有不同的方法。但是情绪的宣泄要在道德和法律允许的范围内进行，不得妨碍他人，不能损害他人和集体的利益。

名人名言

怒不过夺，喜不过予。　　　　　　　　　　——《荀子·修身》

对怒气必须从程度和时间两方面加以节制。

——［英］弗兰西斯·培根《论怒气》

适当的悲哀可以表示感情的深切，过度的伤心却可以证明智慧的欠缺。　　　　　　　　　　——［英］莎士比亚《罗密欧与朱丽叶》

不要让嫉妒的蛇钻进你的心里，这条蛇会腐蚀你的头脑，毁坏你的心灵。　　　　　　　　　——［意］亚米契斯《爱的教育》

我的收获

同学们，学完本课，你有哪些收获呢？拿起笔，记录下你的学习心得吧。

_____
_____
_____
_____
_____
_____
_____

我的评价

评价项目	自我评价	评价等级
我增进的情感	我能做情绪的主人	☆☆☆☆☆
我拥有的能力	我在生活中能调控自己的情绪	☆☆☆☆☆
我掌握的知识	我知道了情绪的种类、产生的原因，以及调控情绪的方法。	☆☆☆☆☆
我解决了成长中遇到的问题		☆☆☆☆☆

第5课　理性消费　杜绝攀比

著名作家雨果说过："我们生来不是为了取悦别人，而是为了完美地做好自己，不在意别人目光中的自己，对生活永远保持一颗赤子之心。"出于炫耀而进行攀比消费，是一种不健康的消费心理。中学生的社会阅历不够丰富，选择商品的能力还比较弱，在消费时应多一些理性。

攀比消费不可取

攀比两面观

【**故事分享**】　杨同学："最近不知道怎么了，看到别人得意我总忍不住拿自己和他们比较。比如，一天的期末复习结束后，大家会在放学前交流一下复习情况。如果我听到有人说今天又做了多少套题，记了多少知识点，自己却在原

地徘徊不前时，便会莫名地恐慌，暗暗下决心超过他。有一次上课的时候，老师留了一道比较难的数学题，我正困惑时，同桌竟顺利地解了出来，我心里特别不舒服。回到家，我把与这道题相关的知识点及变式训练研究了一遍，心里才好受一些。"

李同学:"不知道从什么时候开始,我异常关注别人的穿戴和所用的物品。记得有一天,我无意中听到同学夸赞同桌穿的名牌鞋,再看看自己脚上普通的运动鞋,心里特别不舒服。回到家我就缠着妈妈给我买了一双,第二天忍不住在同学面前炫耀,看到他们羡慕的眼神,心里别提多得意了。"

◎通过这两则故事,说一说你对攀比的认识。

在学习时,适度与同学比高低,可以激发自己的潜能,这是一种正确的表现。但是,生活中一味追求名牌是不应该的,是虚荣心在作怪。

杜绝攀比消费

【故事分享】 小丽刚进入初中时是一位品学兼优的好学生,是父母眼中的骄傲,是同学心目中学习的榜样。然而,一次夏令营活动改变了小丽的生活……

小丽发现外出的时候很多同学都带着手机,互相加好友。小丽悄悄躲到一边,几个好朋友兴奋地跑过来说:"小丽,快点拿出你的手机,我们也加个好友。"小丽低声说:"我的手机忘记带了。"

回到家,小丽就要求父母给她买个手机,并且保证学习之余才会玩。爸妈怕影响学习,只好给她买了一部按键手机。可是刚过了一个学期,小丽又缠着父母给她买个新手机。她说:"今天太丢脸了,同学都是最新款的触屏手机,功能可多了,没有人用按键的了,我也要最新款的,不然的话我再也不想去学校了。"因为自己家经济条件不太好,她不想让同学瞧不起。父母没办法,只能省吃俭用,用省下来的钱给小丽买各种最新款手机。初二期末考试,小丽成绩明显下滑,等到初三下学期已经排到全班中游。

◎通过小丽的案例,说一说中学生攀比消费带来的危害。

中学生对于物质的要求比较高,如果家庭经济条件并不好的话,一味地与同学攀比，反而会加重家庭的经济负担。

中学生一旦具有盲目攀比的心理，就无法将更多的时间和精力放在学习上，也就无法专注于学业，因此攀比心理对学生的危害非常大。

倡导理性消费

不盲目跟风，适度消费

理性消费是消费者根据自己的经济实力，做出合理的购买决策，不攀比、不盲目跟风。过度的攀比消费、无计划消费（月光族）、享乐消费会给生活带来压力，也会助长社会不良之风。对于青少年而言，思想上对金钱的认识不够，容易对金钱产生"无所谓态度"，导致盲目消费。

在消费前，我们可以先做出预算，把钱花在关键的地方，避免非理性消费。在自己能够承受的范围内购买物有所值、经济实用的商品，不与周围的人进行盲目攀比，不浪费金钱。

【相关链接】　　理性消费的方法

1. 做好生活规划，合理消费，避免透支。

2. 计算好自己的收入或者家庭收入，合理安排家庭开支，保证收支平衡。

3. 消费在于量力而为，合理购买物品。

4. 切忌盲目攀比。

勤俭节约，绿色消费

【故事分享】 我们要勤俭节约，绿色消费，不该有以下行为。

放学的路上，路过小吃摊、小商店，总会买很多好吃的、好玩的东西，吃了一半、玩了一会儿就扔掉了。

学校食堂里，看到很多好吃的，不管自己饭量如何，总是点很多，最后餐盘里剩了很多。

买的各种文具、纸张，使用起来也是随心所欲，用一半就换。

橱柜里的衣服鞋子还很新，但感觉过时了，不够时尚，央求父母买新的。

◎你是否也有类似的行为？

勤俭节约是中华民族的传统美德，小到一个人、一个家庭，大到一个国家、整个世界，要想生存，要想发展，都离不开勤俭节约。诸葛亮把"静以修身，俭以养德"作为"修身"之道，朱子将"一粥一饭，当思来处不易；半丝半缕，恒念物力维艰"当作"齐家"的训言，毛泽东以"厉行节约，勤俭建国"为"治国"的经验。可以说修身、齐家、治国都离不开勤俭节约。

勤俭节约是一种生活态度，不同的生活态度就会导致不同的结果。如果每个人都有一个良好的生活态度，理性消费，勤俭节约，那么，节约的不仅是个人的财产，更是国家的资源。

【故事分享】 星期天，我和妈妈一起到超市买东西。我们没有坐爸爸的车，而是步行去的，既能锻炼身体，又减少了尾气的排泄。在超市里，妈妈挑起了商品。我对妈妈说："一定要买带有绿色环保商标的东西。" 说完，我把一些东西放回了原处，换了有绿色环保商标的东西。买好东西后，妈妈手里拿着一个大塑料袋，我对她说："妈妈，以后不要用塑料袋了，这样会产生白色垃圾的，改用环保的购物袋，既美观又环保，你说呢？"妈妈望着我说："你说得对，按你说的做。"说完，妈妈便买了一个环保袋。

平时，爸爸回到家喜欢开空调、开电视，我和妈妈说："空调不仅浪费电，而且对身体不好，开电风扇吧！电风扇吹出的风柔和。还有，爸爸，要少看电视，多看书，你买一大堆书不就是用来看的吗？"老爸无奈地说："好，好，听你们的。"现在妈妈专门用两个地方放垃圾，一个是装可回收的，一个是装不可回收的。我们在追求生活舒适的同时，也要注重环保、节约能源和资源。

◎你知道什么是绿色消费吗？从我的故事中你学到了什么？

绿色消费，是以节约、环保、健康为前提，以实现消费的可持续性为目的的消费行为。绿色消费涵盖的范围非常广泛，包括衣、食、住、行等。在消费过程中，我们应该用环保的眼光选购商品，这样既有利于自己的身心健康，又有利于社会的可持续发展。我们要少用或不用一次性产品；在生活中尽量分类回收废纸、废塑料、废电池等，使它们重新变成资源；拒绝食用野生动物……

兼顾精神上的需求

【故事分享】 王军：刚放暑假，妈妈就帮我制订了"暑期消费计划"。她说："物质上啥也不缺了，精神上也要提高一下层次。"于是，第二天爸妈就带我去逛书店："你选择的书必须是和学习有关的或者充满正能量的读物。"我很开心，终于把几本想念已久的课外书集齐了。书店有专门的阅读区，并且提供饮品，爸妈也挑选了自己喜欢的

书。读书让我觉得生活充实，欣赏着一家人坐在一起读书的画面，我感到特别开心。

张辰：人们都说鲁地有三宝："一山一水一圣人。"登过泰山，赏过趵突泉，今年暑假爸妈带我参观了"三孔"。首先参观孔庙，它是祭祀我国古代著名思想家和教育家孔子的祠庙。走进孔庙，对孔夫子的崇敬之情油然而生。随后我们来到了孔府，它是孔子嫡系子孙居住的地方。接下来我们乘坐马车，来到了孔林，这是孔子及其后裔的家族墓地。在孔子墓前，我们行了叩拜礼，以表对先贤的敬仰。

赵涵：暑假里，爸爸带我去看了《中国医生》这部电影。影片根据新冠肺炎疫情防控斗争的真实故事改编，以武汉市金银潭医院为背景，同时，以武汉医务人员、全国各省市援鄂医疗队为人物原型，全景式记录了波澜壮阔、艰苦卓绝的抗疫斗争。这部电影不仅让我看到了抗疫英雄的伟大，而且体会到了中国精神的力量。

◎和故事中的同学相比，你有着怎样的精神追求呢？

随着经济社会的发展，人们开始追求高质量的生活。在满足基本的物质消费需求后，我们更应该注重自己精神上的需求，在消费中提升自己的精神境界。一本有益的书、一部精彩的电影、一次愉快的旅游，等等，都会给我们带来更多快乐，使我们的生命更加精彩。

国家一直提倡建设资源节约型、环境友好型社会，需要从我做起，从点滴做起。我们应该理性消费，不盲目跟风，少买不必要的物品，反对攀比。只买对的，不买不需要的，尽最大努力减少资源的浪费，让理性消费成为一种文明生活符号，成为时代不变的主题。

名人名言

不念居安思危，戒奢以俭，德不处其厚，情不胜其欲，斯亦伐根以求木茂，塞源而欲流长也。　　　　——《贞观政要·君道第一》

君子多欲则念慕富贵，枉道速祸；小人多欲则多求妄用，败家丧身。　　　　——《温国文正司马公文集·训俭示康》

由俭入奢易，由奢入俭难；要从已经达到的消费标准后退，这件事比较为了要适应财富增加而改变已习惯的消费标准不知要困难多少。
　　　　——［美］凡勃伦《有闲阶级论》

我也相信，简单淳朴的生活，无论在身体上还是在精神上，对每个人都是有益的。　　　　——［美］爱因斯坦《论坛和世纪》

我的收获

同学们，学完本课，你有哪些收获呢？拿起笔，记录下你的学习心得吧。

我的评价

评价项目	自我评价	评价等级
我增进的情感	我体会到攀比消费的坏处,增强了理性消费、节约、环保的观念。	☆☆☆☆☆
我拥有的能力	我逐步掌握了理性消费、绿色消费的方法。	☆☆☆☆☆
我掌握的知识	我知道了理性消费的重要性。	☆☆☆☆☆
我解决了成长中遇到的问题		☆☆☆☆☆

第6课 积极锻炼 强身健体

> 柏拉图曾说："身体教育和知识教育之间必须保持平衡。体育应造就体格健壮的勇士，并且使健全的精神寓于健全的体格。"生命在于运动。运动，带给我们活力；运动，带给我们快乐；运动，赋予我们勇气；运动，赋予我们力量；运动，让生命之树长青。

体育锻炼 人之根本

青少年体质"亮红灯"

【相关链接】 近年来，中国青少年的体质状况引发社会担忧，也让体育教育站到了聚光灯下。

在中国青少年身体素质的问题中，近视率比较明显。缺乏户外活动，是导致近视的重要原因之一。专家表示，近视是由眼轴变长导致，青少年如果能够多在阳光下运动，眼睛会分泌多巴胺等活性物质，从而抵抗眼轴变长，控制近视发展。

近年来，各省区市的体质监测显示，中国青少年的体质状况不容乐观。怎么办？体育是最好的解决方案。

"深化体教融合，促进青少年健康发展，要树立'健康

第一'的教育理念,推动青少年文化学习和体育锻炼协调发展。"中央全面深化改革委员会第十三次会议上,明确提出了深化体教融合、促进青少年健康发展的要求。无数实践证明,体育是让孩子远离近视和肥胖的首选途径。与此同时,"完全人格,首在体育",体育也是让青少年形成健全人格的不二选择。

◎问题:结合案例中的现状,你认为青少年缺乏体育锻炼还会出现哪些问题?

"生命在于运动",没有运动也就没有了生命。健康的身体需要运动来保证,而人生最大的财富正是健康。所以,要想拥有这笔财富,最佳的方法就是,加强体育锻炼,让运动成为习惯。

运动无限精彩

【相关链接】 青少年参加体育训练的9大好处

1. 有助于身体的发育,增加身高。

2. 锻炼四肢,增强肌肉力量,强壮身体。

3. 增强体质,促进心肺功能,使血液循环加快,加强新陈代谢。

4. 可以促进胃肠蠕动,增强胃肠消化能力,增加食欲,使营养吸收完全、身体发育更好。

5. 促进神经系统的发育。锻炼时,机体各部的协调运动都是在神经系统的统一控制和调节下进行的。因此,在进行体格锻炼的同时,神经系统本身也能受到锻炼和提高。

6. 预防疾病,增强体质。

7. 促进智力发育。体育锻炼中的各种动作直接受神经系统的支配和调节。人在活动时,肌肉中的神经可将各种刺激冲动传到大脑,从而促进大脑的功能,使大脑对动作反应更加灵敏。

8. 塑造性格，陶冶情操。体育锻炼不仅是身体的锻炼、大脑的锻炼，而且是意志和性格的锻炼。体育运动能克服某些不良行为，使青少年性格开朗、活泼、乐观。

9. 体育运动是健美的最佳药方。锻炼可防止青少年由于营养过剩而过于肥胖。经常参加体育运动的孩子的肌肉比较有力，关节比较灵活，脊背比较挺直，小腹比较扁平，腰肢比较纤细，体态良好，动作协调优美，对自己比较有信心。因而他能较好地控制自己的身体。

◎说一说：你知道体育锻炼还有哪些好处呢？

体育锻炼能强壮体魄，提高人的生命质量，满足人们对美好生活的向往；体育锻炼能保障人体生命的运动，促进人的全面发展。俗话说，铁不冶炼不成钢，人不运动不健康。适当的体育锻炼对身体健康有好处，对处于生长发育期的青少年来说尤为重要。

让全民健身"动"起来

了解全民健身日

【相关链接】 为了满足广大人民群众日益增长的体育需求，同时纪念北京奥运会成功举办，国务院批准，从2009年起，每年8月8日为"全民健身日"。

2021年8月8日，是我国第13个"全民健身日"，以"全民健身与奥运同行"为活动主题。2022年第24届冬季奥林匹克运动会，简称"北京张家口冬奥会"，将由北京市和张家口市联合举行。这是我国历史上第一次举办冬季奥运会，北京、张家口同为主办城市。

◎你了解"全民健身日"吗？和身边的同学分享一下吧！

《全民健身条例》第十二条中规定：应当在当日加强全民健身宣传，积极组织和参与全民健身活动，组织开展免费健身指导服务，向公众免费开放公共体育设施。有了节日，人民群众如何过节？国家体育总局原局长刘鹏说："每个人就在所在的地方积极参与体育锻炼，就是最好的方式。在这一天，公共体育设施将向公众优惠或免费开放，并提供优惠的健身指导服务。这样能更好地体现北京奥运会遗产的全民化和社会化。"

【故事分享】 2021年8月7日，新华社有一则新闻，题目叫《总书记@你去"打卡"》。在"全民健身日"到来之际，习近平总书记走访多地，呼吁大家加强体育锻炼。他自称是个"体育爱好者"，说："我爱运动，游泳是我的最爱。"

他还喜欢登山。在福建省担任省长时，他平均两三周就登一次鼓山。除此之外，他还喜欢排球、篮球、网球、武术等运动。冰雪项目中，他爱看冰球、速滑、花样滑冰、雪地技巧。他爱看篮球、足球、拳击等比赛，有时也会在深夜看电视转播的体育节目。

成为中国最高领导人后，习近平总书记工作千头万绪，基本没有自己的时间。尽管工作很忙，但有一项运动他现在还在坚持，那就是游泳。

◎问题：你有哪些体育爱好？你是如何坚持进行体育锻炼的？

"没有全民健康，就没有全面小康。"在习近平总书记看来，全民健身是全体人民增强体魄、健康生活的基础和保障。在他的关心和推动下，全民健身已经上升为国家战略。从人人参与到形成风尚，全民健身理念点亮万家灯火，正强健着民族筋骨，凝聚着民族力量。

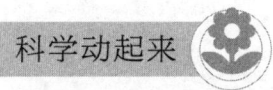

科学动起来

【相关链接】

1. 注意身体的全面锻炼，使身体各部位均衡发展。

2. 养成经常锻炼身体的习惯。体育锻炼要达到增强体质的目的，必须持之以恒。

3. 在保证环境安全的情况下，跑步运动时最好不要戴口罩。因为口罩会影响呼吸和氧气的摄入，尤其是在剧烈活动时，可能危及生命。

科学运动

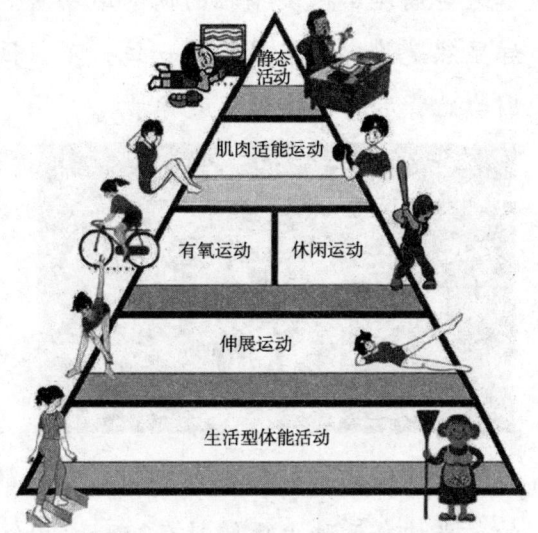

4. 科学运动的方式。正式运动前，先做5～10分钟的低强度有氧热身运动，将肌肉伸展开，以免拉伤。在运动过程中，如果身体感觉不适，应立即停止运动。如果出现运动损伤，应及时处理。运动即将结束时，再做5～10分钟的恢复整理运动，如弯腰、踢腿等，再坐下休息，不要突然停止运动。运动后不宜马上洗澡，应休息10～20分钟，再洗温水澡。

5. 科学运动的时间。对于一般人来说，建议选择晚上锻炼。对于离退休的老年人来说，完全可以选择在上午9～10时活动。当然还要考虑环境因素，如气候变化和气象情况。夏季运动应预防中暑，冬季运动应预防冻伤，大风大雾天气不宜跑步。

6. 坚持运动的小妙招。（1）从简单的运动开始，即容易完成的低强度、短时间的运动，然后再循序渐进，逐渐适应。

（2）兴趣是最好的老师。参加自己比较感兴趣的活动，比如爬山、游泳、户外骑行、有氧健身操、跑步等。

少年强则国强

【故事分享】 "桐花万里丹山路,雏凤清于老凤声。"2021东京奥运会涌现出很多年轻的优秀运动员。他们勇敢无畏,势不可挡!全红婵显然是其中非常显眼的一位,不仅因为她无懈可击的跳水动作,而且因为她背后的付出和家庭背景。

8月5日下午,东京奥运会女子十米跳台上,全红婵以三跳满分,总分466.2分的优异成绩夺得金牌,创造了新的世界纪录。全红婵能取得这样的成绩,离不开背后的努力付出。她的教练在赛后的采访中说道:"全红婵对待训练的态度,是同年龄运动员中最投入的,平均每天陆上跳练习在200~300个之间,水上跳在120个左右。比赛间隙,她都不忘记练习动作。小时候训练环境比较艰苦,能取得如此优异的成绩,除了天赋,更是一天一天的刻苦训练,才能让她以一匹黑马姿态杀出重围。"

苏轼云:"古之成大事者,不惟有超世之才,亦必有坚忍不拔之志。"当全世界都在惊呼她是天才时,我们可不能忘了她背后的付出。全红婵的成功让我第一时间想到的,不是"自古英雄出少年",而是"少年强则国强"!

◎说一说:你还了解哪些为国争光的奥运健儿?

人无精神则不立,国无精神则不强。精神是一个民族赖以长久生存的灵魂,唯有精神上达到一定的高度,这个民族才能在历史的洪流中屹立不倒、奋勇向前。中华民族复兴伟业,犹如一场"接力跑"。站在"两个一百年"的历史交汇点上,让我们弘扬中华体育精神,为全面建成社会主义现代化强国,实现中华民族伟大复兴,一棒接着一棒跑下去,每一代人都要为下一代人跑出一个好成绩。

名人名言

人体欲得劳动，但不当使极耳。动摇则谷气得消，血脉流通，病不得生。
——西晋·陈寿《三国志·魏书·华佗传》

我们深信健康是生活的出发点，也就是教育的出发点。
——陶行知《陶行知文集》

体育是为了锻炼身体，音乐是为了陶冶心灵。
——［希腊］柏拉图《理想国》

我们应该为培养健康的一代而奋斗，我们应该培养从年轻的时候起就身强力壮的一代人。
——［苏］克鲁普斯卡娅《克鲁普斯卡娅教育文选》

我的收获

同学们，学完本课，你有哪些收获呢？拿起笔，记录下你的学习心得吧。

我的评价

评价项目	自我评价	评价等级
我增进的情感	我了解了青少年加强体育锻炼的重要性。	☆ ☆ ☆ ☆ ☆
我拥有的能力	我掌握了体育锻炼的基本方法。	☆ ☆ ☆ ☆ ☆
我掌握的知识	我知道了进行体育运动要有科学的方法；更重要的是，要有持之以恒的精神。	☆ ☆ ☆ ☆ ☆
我解决了成长中遇到的问题		☆ ☆ ☆ ☆ ☆

第7课　直面诱惑　学会拒绝

什么是诱惑？可以是小孩子最喜欢的棒棒糖，可以是学生最喜欢的游戏，也可以是成人世界里的金钱、权力、荣誉……诱惑，简单的两个字，却有着沉甸甸的分量。古往今来，多少学子因它功成名就，流芳千古；又有多少能人志士因它一蹶不振，身败名裂。

余秋雨说得好："诱惑是无底的深渊，坠下去粉身碎骨；诱惑是宝贵的罗盘，依着它，我们顺利靠岸。"他用睿智的目光、理性的思维在诱惑之间筑起了一道严谨而鲜明的"分水岭"。中学生应坚持正确方向，拒绝诱惑。

世界很美　诱惑很多

身边的不良诱惑

【故事分享】　中学生小强原本是一个品学兼优的学生，后来沉迷于电子游戏，导致成绩大幅度下降。对于家长、老师的劝导，他也无动于衷。进入中考冲刺阶段后，他意识到，自己再这样下去是考不上高中的，于是决定不再玩电子游戏。最终他凭借最后的努力，考上了高中。

◎生活中，还有哪些诱惑影响着我们呢？

在生活中，既有美好的事物吸引我们，也有一些不良的东西诱惑我们。美好的事物，能激励我们通过正当的途径和不懈的努力去追求真、善、美；不良诱惑，则会对个人的成长和社会的进步产生极为不利的影响。

除了沉迷于电子游戏外，还有"黄""赌""毒"等不良诱惑需要我们留意。

不良诱惑危害多

【相关链接】 电子游戏是一种新型娱乐，对于开发人的智力，锻炼眼、耳、手、脑并用的能力有一定的好处。适当的、有节制的娱乐，并不是坏事。电子游戏的画面变幻莫测，内容惊险刺激，人一旦置身其中就得全力以赴地进入"角色"，因而对青少年有一定的诱惑。

中国社会科学院大学青少年工作系副教授、青少年健康研究中心主任周华珍曾针对网瘾行为做过调研，调研结果显示：42%的青少年有上网的强烈想法和冲动，42.1%的青少年在使用电脑的时候良好情绪会不断增加，41.3%的青少年尽管知道上网的有害影响也难以停止使用电脑，43.1%的青少年因为上网而放弃过兴趣、娱乐或者社会活动，41.5%的青少年认为使用电脑是逃避问题或者减轻不好情绪的方法之一，40.9%的青少年为了掩盖上网的程度而向家人和朋友说过谎，42.7%的青少年由于上网和父母或者老师发生过冲突。

周华珍说："根据这些数据，我国有40%左右的青少年面临网络成瘾的潜在风险，网络成瘾问题已经成为危及我国青少年健康成长的重大隐患。"

◎你认为沉迷于电子游戏有什么危害呢？

沉迷于电子游戏会严重影响青少年的身心健康，也会严重影响青少年的正常学业。对于心理发展还不成熟、行为自控能力还较弱的青少年而言，网络游戏中的暴力、色情情节极有可能成为引发他们犯罪的诱因。

【相关链接】 据统计，截至2020年底，全球已经出现新精神活性物质1047种，我国累计发现9大类317种。新型毒品形态各异，五花八门，既有含合成大麻素等新精神活性物质的"毒糖果""娜塔沙""小树枝"，也有含麻醉药品和精神药品成分的不法产品"蓝精灵""网红减肥药"，还有将传统毒品改头换面进行掺杂包装的"奶茶""神仙水"等，极易对青少年造成诱惑和危害。

2020年6月，海南省三亚市公安局天涯分局凤凰派出所获得线索，以广东籍男子曾某杰为首的毒品犯罪团伙将在三亚开拓新型毒品市场。侦查人员迅速蹲守布控，将5名犯罪嫌疑人缉拿归案，在其汽车后备箱内缴获41瓶"咔哇潮饮"新型毒品。据了解，"咔哇潮饮"色彩斑斓，为网红潮饮。

"咔哇潮饮"制作原料中含有"γ-羟基丁酸"，滥用含有该物质的饮料会造成暂时性记忆丧失、恶心、呕吐等症状，与酒精并用会加剧危险性，甚至会失去意识、昏迷及死亡，属于新型毒品。

"奶茶"也是一种新型毒品，这类毒品外形与真正的奶茶极为相似，遇水即溶，与各种饮品混合后，口味都不会发生改变，甚至香味都相似。此类新型毒品迷惑性很强，毒品效果持续时间较长。其主要成分是氯胺酮等，作用与K粉、冰毒相似，使人极度亢奋，容易上瘾。

毒品"跳跳糖"遇水即溶、即冲即饮，与各种饮品混合后口味不会发生变化，甚至香味都相似，且后劲很强，喝一次大脑两天都会处于兴奋中。

新型毒品往往更容易让人失去警惕，毒性也不输于传统毒品。陌生人提供不明饮品、零食时，广大青少年要仔细查看，加强防范，不要误食误用，更不要为陌生人携带、传递可疑物品！

◎你了解毒品的危害吗？

吸毒会严重摧残身心健康，传染和导致各种疾病，甚至死亡，会破坏家庭幸福，诱发刑事犯罪，败坏社会风气，危害社会治安。

【故事分享】 放寒假了,中学生小雷在上网的时候认识了一个叫阿信的男子。两人熟识后,阿信就邀请他加入一个名为"过年抢红包"的微信群。群里规定,每次抢完红包"手气最佳"的人继续发红包,其他人可以"白抢"。于是,小雷抱着试一试的心态也抢了起来。起初的一个星期,小雷并没有抢到最大的红包,不知不觉抢了2 000多元,特别开心,觉得交对朋友了。

然而接下来不到三天时间,小雷将这2 000多元连同自己的压岁钱都输了个精光。小雷慌了,阿信却鼓励他说:"只要坚持下去,你一定能连本带利赢回来。"于是,小雷偷偷拿妈妈的手机进行微信转账,转账金额从2 000元到5 000元,再到10 000元。小雷越陷越深,最后输了50 000元。终于,纸包不住火,小雷的妈妈得知真相后果断报警。

民警接到小雷妈妈的报警电话后迅速展开调查,很快便将这个微信群的群主以及参与抢红包的人陆续抓获。经调查,认定该微信群中的抢红包行为属于网络赌博,并以涉嫌开设赌场罪对阿信提起公诉。参与"抢红包"的成员,也纷纷受到了法律的惩罚。

◎你了解网络赌博吗?赌博对人们的危害有哪些?

赌博是一种恶习,也是社会公害之一,随着网络技术的发展,许多传统赌博行为开始转移到互联网上。当前,网络赌博已衍生出四种新形式:一是利用网站或app,通过直播方式把线下赌场搬到网络上;二是基于体育竞技、福利彩票的结果等进行外围赌博,比如赌球网站等;三是不法分子恶意利用移动支付平台和网络红包衍生出的新型赌博形式;四是不法分子利用一些休闲游戏平台,通过盗号、外挂等非法手段获取大量游戏币,再设立赌博骗局吸引玩家以牟利。

未成年人染上赌博恶习后,不仅影响身体健康、学习进步、扭曲人际关系,而且极易诱发盗窃、抢劫、诈骗等违法犯罪行为。

总之,"网游""黄""赌""毒"等不良诱惑,会伤害人的身体,毒害人的心灵,影响个人的进步和发展,会使人无视法律的尊严,走上违法犯罪的道路。

拒绝诱惑　健康成长

慎交朋友，提高判断力

【故事分享】　程云是一名初一学生，喜欢打篮球。有一天，他在打球的过程中结识了林强、李华。三人一见如故，每周都相约去球场打篮球。一天程云发现林强、李华偷偷抽电子烟，样子看起来非常酷，羡慕不已。林强告诉他，攒够二百块钱，就可以买一支电子烟。

程云开始悄悄攒钱，在林强的"帮助"下很快就拥有了一支属于自己的电子烟。从那之后，他变得惴惴不安，老是担心被父母和老师抓到，又受不了朋友的撺掇，不知如何是好，逐渐抑郁起来。没过多久，他结交外校朋友、抽电子烟的事情被班主任发现了。经过班主任的耐心教导，他意识到自己的错误，与林强、李华断绝了交往，又变得乐观开朗起来。

◎程云的故事给你什么启示？

生活是美好的，也是复杂的。青少年由于认识能力较低，社会阅历较浅，辨别是非的能力不强，容易上当受骗。所以，在日常的学习和生活中，青少年一定要努力提高自己的思想品德修养和科学素养；慎交朋友，提高自己的判断能力，正确识别真假美丑，不为假象所迷惑，防止上当受骗。

克服猎奇和盲目从众心理

【故事分享】　13岁的明明是一个品学兼优的男孩子，爱好读书、画画，写得一手好字。进入初中以来常听同学在一起讨论抖音上的搞笑视频，自己却听不懂，插不上话，他有些郁闷。

2020年全球爆发了新型冠状病毒疫情，学生无法回归校园，只能在家里上网课，明明也有了自己的手机。一次爸爸妈妈不在家，他忽然想起来同学讨论的抖音视频，就偷偷下载并观看起来，这一下仿佛打开了潘多拉魔盒，一发不可收。一连几天他都无心上网课，一有机会就偷偷刷抖音。平台上炫富、炫耀、恶搞的视频，让他体会到前所未有的刺激。

在接下来的数学测试中，明明遭遇了前所未有的打击。他因此意识到，虚拟世界给自己带来的除了放纵就是堕落。事后，他向父母和老师坦白问题。在他们的指导下，明明奋起直追，终于在期中考试中取得了优异的成绩。

◎你在生活中有没有类似的经历？你是怎样克服的？

一些人之所以经受不住不良诱惑，往往是受猎奇和盲目从众心理的驱使。我们要抵制不良诱惑，就要克服猎奇和盲目从众心理，提高自制力，在心中筑起一道抵制不良诱惑的坚固长城。

【相关链接】 从众心理是指个人受到外界人群行为的影响，在知觉、判断、行为等方面与大众趋于一致的心理现象。"从众"是一种比较普遍的社会心理现象，通俗的解释就是"人云亦云""随大流"。

◎你有过"随大流"的经历吗？

战胜不良诱惑的方法

1. 避开诱因。把引起诱因的实物收藏起来，避开诱因；还可以积极参加集体活动，多与同学交流。

2. 学会拒绝。婉言谢绝来自朋友的邀请，提高自制力。遭遇不良诱惑时，想象不能抵制不良诱惑可能带来的恶果，以提醒自己远离不良诱惑。

3. 培养良好的兴趣爱好。一个人有了良好的兴趣爱好，才不会觉得空虚、无聊，才会脱离低级趣味，远离不良诱惑。

4. 专时专用。周密合理地安排自己可支配的时间，使自己的生活有序、充实。

5. 请人监督。请同学、朋友、老师和家长等监督自己的行为,在他们的不断鼓励、鞭策下,战胜不良诱惑。

撑起法律保护伞

【故事分享】 中学生小溪在网上查找学习资料时,桌面突然弹出一个广告。小溪定睛一看,广告上充满了淫秽色情的信息,气愤不已。他想到了国家的净网行动,于是搜索到举报不良网站的电话,将该网站予以举报。

◎你知道哪些举报不良网站的方式吗?和同学们分享一下吧。

不良诱惑威胁着我们的健康成长,也影响着社会的稳定。我们要提高自控力,果断拒绝不良诱惑。另外,面对不良诱惑,我们不能熟视无睹,应运用法律手段同它们进行坚决斗争,以保护自己、净化我们成长的环境。

名人名言

富贵不能淫,贫贱不能移,威武不能屈。 ——《孟子·滕文公下》

日月欲明,浮云盖之;河水欲清,沙石秽之;人性欲平,嗜欲害之。 ——《淮南子·齐俗训》

名节重泰山,利欲轻鸿毛。 ——明·于谦《于忠肃集·无题》

扩大自己的欲望,无异于将悬崖下的深谷挖得更深,事情就是如此。
——[法]巴尔扎克《两个新嫁娘》

我的收获

同学们，学完本课，你有哪些收获呢？拿起笔，记录下你的学习心得吧。

_____

_____

_____

_____

_____

_____

我的评价

评价项目	自我评价	评价等级
我增进的情感	我认识和了解了社会的复杂性，增强了自觉抵制不良诱惑的意识。	☆☆☆☆☆
我拥有的能力	我逐步形成了辨别是非的能力，追求科学、健康、充实的初中生活。	☆☆☆☆☆
我掌握的知识	我知道身边存在着种种诱惑。	☆☆☆☆☆
我解决了成长中遇到的问题		☆☆☆☆☆

第8课　杜绝校园欺凌　学会保护自己

> "己所不欲，勿施于人。"校园本是让我们快乐学习、健康成长的地方，却存在一些以大欺小、以多欺少、以强凌弱的校园欺凌现象。这不符合中国文化所提倡的"以和为贵""团结友善"的传统，更会给被攻击者带来身心上的伤害。

揭开校园欺凌的面纱

直视校园欺凌

【故事分享】　不知道从什么时候开始，我越来越想逃离这个地方。每当我走在校园的小路上时，总有几个同学跟在后面叫我的绰号；每当我上体育课的时候，他们总是嘲笑我的动作像唐老鸭；每当我取得优异成绩的时候，他们总说我作弊，还在网上传播我的表情包。我无数次从睡梦中惊醒。为什么那些同学只欺负我？我好痛苦，我该怎么办呢？

◎你怎样看待莉莉的烦恼，她应该怎么办。

校园欺凌，指在校园内外学生间一方（个体或群体）单次或多次蓄意或恶意通过肢体、语言及网络等手段实施欺负、侮辱，造成另一方（个体或群体）身体和心理伤害、财产损失或精神损害等的事件。

校园欺凌多发生在中小学，分为单人实施的暴力、少数人暴力和多人实施的暴力。实施环境地区多为校园周边或人少僻静处，甚至是明目张胆地在校园公共区域进行欺凌，对学生的身心造成伤害。

【相关链接】 校园欺凌的表现形式：

1. 给受害者起侮辱性绰号，指责受害者无用。
2. 对受害者进行重复性的物理攻击，如拳打脚踢、掌掴拍打、推撞绊倒、拉扯头发。
3. 损坏受害者的教科书、衣服等。
4. 传播关于受害者的谣言和闲话。
5. 恐吓、威迫受害者做自己不想做的事。
6. 分派系结党，孤立、排挤受害者。
7. 敲诈，强索金钱或物品。
8. 网上欺凌，即在网页或论坛上发表具有人身攻击成分的言论。

校园欺凌是颗"毒瘤"

【故事分享】 《少年的你》是一部有意义有力量的现实青春题材

电影,直指"校园欺凌"等社会现象,坚持"反欺凌、反暴力"。《人民日报》点赞,央视新闻、人民网等官媒也撰文支持电影立意,反对校园欺凌,"要有零容忍的态度、切实有力的行动"。央视新闻表示:"我们也注意到有不少侵害未成年权益的案件,比如校园欺凌时有发生,让这些受害的青少年心灵受到了灼伤,青春更是充满伤痛。一个法治社会,一部公平的法律,不仅仅是一剂预防药,更是一服镇痛药。呵护每一个青少年,国家在行动,社会也有期待。"

任何形式的欺凌行为都是不可接受的,因为欺凌不仅会对"受伤者"造成伤害,而且会对"欺凌者"和"旁观者"造成伤害。"欺凌者"由于长期欺负别人,内心得到极大满足,以自我为中心,对同学缺少同情心;而"旁观者"会因为帮不到受害者而感到内疚、不安,甚至惶恐。"校园欺凌"对受害者的伤害也不可小视,受欺凌的学生通常在身体上和心灵上受到双重创伤,并且容易留下阴影,长期难以平复。同时,"校园欺凌"也会影响学校的整体纪律和风气。

防范侵害 保护自己

提高警惕

【故事分享】 今天我们"启航18班"召开了一场关于"学会自我保护,远离校园欺凌"的主题班会。针对校园欺凌的防范措施,同学们积极建言献策。

"我觉得最好不要跟脾气暴躁的人开玩笑,容易激怒他们。"

"如果知道谁在学校名声不好,经常欺负同学,我们尽量不和他接触。"

"我认为中学生要学会保护自己,远离危险。比如,在上下学的时候最好不要一个人走,晚上不要独自在外,晚上最好不出门。"

"如果真的被嘲笑、被欺负,也不能害怕、妥协,否则他们以后会变本加厉地欺负我们。可以向老师、家长求助。"

……

同学们,学会自我保护,远离校园欺凌,防患于未然很关键。以上好的建议,你学会了吗?

古人云:"君子不立于危墙之下。"养成善于观察、自我保护的好习惯,主动观察哪些同学脾气暴躁、沉默寡言、情绪反复无常,尽量避免与他们产生身体或者语言上的冲突,采取"敬而远之"的平常心态与之交往即可。同时,感觉对方有压力、愤怒或者受到嘲弄的情况下,一定不要激惹他。有选择的话,尽量避开潜在危险场景,不要夜间独自在外,尽量结伴同行。

用智慧保护自己

【故事分享】 张明是初二的学生,因为性格孤僻,又胆小,经常被学校几个"小霸王"欺负,威胁他交"保护费",不给就对他拳打脚踢。张明每次都乖乖给钱,被打的时候也不敢动,更不敢告诉父母和老师。后来,在朋友的鼓励和陪同下,张明将这件事情告诉了班主任杨老师。杨老师非常重视,立马找到一些同学了解情况,并把这几个"小霸王"的行为汇报给了学校。他们受到了警告处分,再也不敢向张明收取"保护费"了。

◎你是否遇到或听说过类似的校园欺凌事件?
◎请你给张明出出主意,遇到侵害该怎么办?

当侵害已经发生时,一味地选择逃避并不能解决问题,反而会让施暴者更加猖狂;硬碰硬更多时候带来的却是更大的伤害。所以,面对侵害,我们要用智慧保护自己。要冷静,"暂时妥协""逃跑""求救""语言威胁欺凌者"等,都是用智慧保护自己。但是事后一定要告诉父母、老师,绝不能纵容施暴者,忍气吞声带来的只能是更大的伤害。

【相关链接】　　面对校园欺凌的应急方法

1. 在威胁与暴力来临之际，告诉自己不要害怕。要相信邪不压正，不要轻易向恶势力低头。

2. 大声提醒对方，他们的所作所为是违法违纪的行为，会受到法律严厉的制裁，会为此付出应有的代价。

3. 如发生危险，可用自己的书包、扫把、凳子、桌子等物来遮挡，可以躲避打击。

4. 如果周围有人，要大声喊叫，引人注意；同时也要避免激怒歹徒。

5. 若在马路上，可以用手敲打路旁停放的车辆，让车子警报器报警以吓退坏人。

6. 如果处于势单力孤、被人拳打脚踢又无力还手的情况下，一定要学会保护自己的重要部位。选择靠墙的位置，蹲下，双手抱头，肘部抵住膝盖，整个后背贴紧墙壁。

7. 如果受到伤害，或看到他人受到伤害，一定要及时向老师、警察报案。

用法律保护自己

【故事分享】　2020年5月4日，接网友举报，网上流传的一则视频显示，宁夏盐池县发生一起校园暴力事件，一名未成年女生遭多人殴打。经当地公安机关核查，受害人宋某与犯罪嫌疑人赵某因琐事发生争执，赵某心生  不满，遂约盛某、董某在芙蓉社区一凉亭内对宋某进行殴打。5月5日20时，盐池县警方已将参与殴打他人的3名违法嫌疑人赵某、盛某、董某传唤至公安机关进行调查。赵某因寻衅滋事罪被警方予以刑事拘留，董某、盛某被盐池县警方依法予以行政处罚。

◎法律是杜绝校园欺凌、保护自己的有力武器。你了解相关的法律法规吗？

校园欺凌问题其实早已引起国家高度重视。2017年11月，教育部、团中央等11部门印发了《加强中小学生欺凌综合治理方案》，更加明确了校园欺凌的界定，并针对学生欺凌的不同情形，采取不同的惩戒措施。我国宪法、刑法、民法通则、婚姻法、义务教育法等许多法律法规，都对保护未成年人做出了明确规定。另外，我国还制定了《中华人民共和国未成年人保护法》和《中华人民共和国预防未成年人犯罪法》两部专门法律，从家庭、学校、网络、政府、社会、司法六个方面具体规定了在保护未成年人方面的法律责任。

【相关链接】　　　　我国相关法律法规（摘选）

《未成年人保护法》（2021修订）

第三十九条　学校应当建立学生欺凌防控工作制度，对教职员工、学生等开展防治学生欺凌的教育和培训。

学校对学生欺凌行为应当立即制止，通知实施欺凌和被欺凌未成年学生的父母或者其他监护人参与欺凌行为的认定和处理；对相关未成年学生及时给予心理辅导、教育和引导；对相关未成年学生的父母或者其他监护人给予必要的家庭教育指导。

对实施欺凌的未成年学生，学校应当根据欺凌行为的性质和程度，依法加强管教。对严重的欺凌行为，学校不得隐瞒，应当及时向公安机关、教育行政部门报告，并配合相关部门依法处理。

《防范中小学生欺凌专项治理行动工作方案》

2021年1月，教育部印发《防范中小学生欺凌专项治理行动工作方案》，启动开展防范中小学生欺凌专项治理行动。主要采取六项举措：一是全面排查欺凌事件。对所有中小学校和在校学生开展全面排查，对可能发生的欺凌行为做到早发现、早预防、早控制。二是及时消除隐患问题。对排查发现的苗头迹象或隐患点，采取必要的干预措施，做好疏导化解工作，切实防止学生欺凌事件发生。三是依法依规严肃

处置。对实施欺凌的学生，视情节轻重，分别采取批评教育、警示谈话和纪律处分、训诫、转入专门学校等惩戒措施。对遭受欺凌的学生，给予相应的心理辅导。四是规范欺凌报告制度。一旦发现学生遭受欺凌，学校要及时制止并进行调查处理；情节严重，要及时报告，并迅速联络公安机关介入处置。五是切实加强教育引导。深入开展思想道德教育、法治教育、心理健康教育，开展学生欺凌防治专题培训，加大家庭教育力度。六是健全长效工作机制。进一步健全责任、预防、考评、问责机制，切实做到警钟长鸣，防患未然。

同学们，遭遇校园欺凌，首先应该向家长、老师、学校等反映情况，寻求帮助。如果情节严重，老师、学校没有进行处理或者无法处理的，我们还可以向公安机关等其他有关部门求助，绝不纵容欺凌者。身边一旦有欺凌事件发生，在确保自身安全的前提下，不能袖手旁观，要在自己能力范围内制止欺凌行为，帮助被欺凌者。创建平安和谐的校园需要每个人的努力，让我们一起行动起来，向校园欺凌说"不"，携手共建和谐校园。

名人名言

故与人善言，暖于布帛。伤人以言，深于矛戟。——《荀子·荣辱》

恃德者昌，恃力者亡。　　——西汉·司马迁《史记·商君列传》

勿以恶小而为之，勿以善小而不为。

——西晋·陈寿《三国志·蜀书·先主传》

害人之心不可有，防人之心不可无。　——明·洪应明《菜根谭》

我的收获

同学们，学完本课，你有哪些收获呢？拿起笔，记录下你的学习心得吧。

_____

_____

_____

_____

_____

_____

我的评价

评价项目	自我评价	评价等级
我增进的情感	我知道校园欺凌是非正义的行为，邪不压正。	☆☆☆☆☆
我拥有的能力	我逐步掌握了一些自我保护的方法。	☆☆☆☆☆
我掌握的知识	我知道了杜绝校园欺凌的相关法律，懂得了自救的方法。	☆☆☆☆☆
我解决了成长中遇到的问题		☆☆☆☆☆